선생님께

그동안 제 마음을 담아 쓴
2번째 시집 『목화별 산책』을
평소 따뜻한 시선과 사랑으로 격려해주신
존경하는 선생님께 드립니다.

　　　　　　　　년　　월　　일

　　　　　　　　　　　드림

창조문학대표시인선 · 285

목화별 산책

홍정희 시집

창조문학사

☐ 서시

목화별을 찾아서

이십 오년 만에 시집을 내게 되었습니다.
가끔씩 하늘도 쳐다보고
산책길을 걸으며 상상의 나래를 펼쳐 봅니다.

돌 틈에 숨어 있는 보이지 않던 잎들
새들의 지저귐과 강가의 물소리로
시 구슬을 꿰어보면서 발걸음을 옮깁니다.

산책을 하는 날의 기다림과 설레임
자그만 오솔길에 만나는 여우팥꽃
내 고향 산골마을의 물방개가 그리워집니다.

감나무 꼭대기의 까치밥 쳐다보며
맘 좋은 사람들의 따스함을 알게 되고
걷다가 하늘을 쳐다보면서 넉넉함을 배웁니다.

2021년 12월 26일
홍정희

목화별 산책
홍정희 시집

차례

□ 시인의 말

1부 목화별 산책

그 해 여름 ······· 13
세한도(歲寒圖) ······· 14
불곡산, 악어를 만나다 ······· 15
목화별 산책 ······· 16
오후 4시의 풍경 ······· 18
나무에 기대어 ······· 19
히말라야를 걷다 ······· 20
선릉에서 ······· 22
잠시 촛불을 켠다 ······· 23
겨울 나그네 ······· 24
그리움 ······· 25
낙산가 가는 길 ······· 26
칭찬 ······· 28
엄마의 책상 ······· 30
무지개 송어 ······· 31
호박잎 ······· 32
연잎 ······· 34
목련 ······· 35
소하리에서 ······· 36
가재울에서 ······· 37

목화별 산책
홍정희 시집

2부 은어를 보며

은어를 보며 ······· 41
인왕산 보러갔다 ······· 42
홍옥 ······· 43
내 고향 봉화 ······· 44
작은 둥지 ······· 45
해당화 피는 마을 ······· 46
날개를 달다 ······· 47
달로 뜨고 싶던 날에 ······· 48
꽃게 ······· 49
병아리 ······· 50
유년의 뜨락 ······· 51
찔레꽃 ······· 52
다산을 생각함 ······· 53
무섬 마을 ······· 54
여왕이 되어 ······· 55
압구정에 부는 바람 ······· 56
가을이 오면 ······· 57
여달미를 아시나요 ······· 58
여백 ······· 59
수동 가는 길 ······· 60

목화벌 산책
홍정희 시집

3부 편지 한 장으로는 못 담을 가을

편지 한 장으로는 못 담을 가을 ······· 63
라일락꽃 ······· 64
비 오는 날 ······· 66
가시 꽃을 피운 남자 ······· 67
빨간 우체통 ······· 68
분홍빛 햇살 속에서 ······· 69
당산동 아침 ······· 70
현이의 꿈 ······· 71
두물머리에서 ······· 72
물방개 ······· 73
주인 없는 리어카 ······· 74
마음의 선물 ······· 75
깁스를 풀다 ······· 76
바이올렛 연가 ······· 77
담장에 피는 장미 ······· 78
등불이고 싶다 ······· 79
새벽 ······· 80
새벽별 ······· 81
이웃 사랑 ······· 82
피아노 폭포 ······· 83

목화별 산책
홍정희 시집

4부 감나무에 앉은 까치

감나무에 앉은 까치 ······· 87
사진 ······· 88
눈 내리는 문경새재 ······· 89
숲 ······· 90
마음의 풍경 ······· 92
바람의 말 ······· 94
엄마 ······· 95
뉴칼립튜스 ······· 96
흰 눈 ······· 97
겨울 은어 ······· 98
소 ······· 99
시장 ······· 100
폐선 ······· 102
벼꽃 한 섬 ······· 103
고마우리 샛강 ······· 104
광화문을 지나며 ······· 105
산 ······· 106
소나기 마을 ······· 107
가을 길 ······· 108
꽃구름 타고 ······· 109

해설/ 홍문표 · 목화별 하늘의 따스한 시학····111

# 1부 목화별 산책

그 해 여름

바위는 부채모양
철쭉의 수로부인

걸어 와
화려하게
화알짝 열어 놓자

파도가
소처럼 울어
부채길이 붉었다

세한도(歲寒圖)

소나무는 하늘과 땅 구름을 잇는다

사계절 청정한 푸름
잃지 않는 한 그루 선비나무
서릿발 그 기개 떨쳐
한반도의 보석되리라

세한도의 꿋꿋한 소나무 향기
늙어서 허리 휘고 머리 세더라도
앞으로 곧장 나아가리라
억만년까지 무릎 꿇지 않으리라

세한도가 소나무에서 자란다

불곡산, 악어를 만나다

나일강
기슭에서 불곡산 골짝까지

폭풍우 타고 와서
지느러미 넘실대고

바위에
악어 한 마리
전각으로 새긴 문양

꿈틀대는
힘찬 꼬리
잠자는 듯 꿈을 꾸다

오르다
멈춘 자리
언제쯤 뛰어갈까

비 오면
눈물 흘리며
울고 있는 악어 바위

목화별 산책

누구나 가슴 속에
별 하나 만듭니다

장미꽃 심어 놓고
나팔꽃 트럼펫이

화단에
목화씨 몇 알
정성들여 심어 봅니다

흰모래 금빛 물결
은어가 뛰놀던 곳

백로 떼 날아들어
신선도 놀다가는

물레를
잣던 둘레길
무명옷이 그리워

실 뽑아 한 올 한 올
마음을 열어가며

사랑의 방방곡곡
원앙침 수놓으면

찬란히
목화별 뜨는
밟아가는 산책 길

오후 4시의 풍경

철새가 되어 날아가는
기억 속에서 사라져 가는
빛바랜 사진을 보는
늦은 시간에 열띤 토론을 하는

스물아홉 살 쯤,

일본어를 잘하더니
일본으로 시집 간 진이는

아들 둘에
어깨가 으쓱한 정이는

시집 두 권 내고
팔짱 낀 옥이는

벽에 걸린 시계
빗물을 바라보는
나는
오후 4시의 풍경이었다

나무에 기대어

소쩍새
우는 밤의
노래로 잠이 깨면

마름질 반닫이 문
거울 속 송사리 떼

적송 숲
뽀얀 안개가
전설처럼 감싸온다

거북이
알을 품은
영귀 봉 따라가면

팔 벌린 팔작지붕
날아가 펼쳐지고

나무들
틈에 기대어
천자문을 배운다

히말라야를 걷다

바람의 빌딩 숲속
벚꽃은 별이 되어

머리에 떨어지며
꽃길을 만들었다

친구들
보고픈 얼굴
꽃 잎 속에 숨었다

꽃송이 송이마다
안부를 묻던 날은

수줍어 말도 없이
숨어 든 푸른 낮달

한 생애
축배를 들며
박수치는 잔칫날

별처럼 반짝이며
달처럼 피어나던
벚꽃이 지던 날에

하늘을 바라보며
눈 덮인
눈 표범처럼
히말라야 걷고 있다

선릉에서

비
씻긴 나무들이
잎들을 반짝이고

굴곡진 능선 따라
새들도 골이 깊다

바람이
잠깐 내려와
친구들을 부른다

태양이 이글거려
읽을 수 없는 글들

내 시절 사건들이
무덥게 느껴지면

사연을
카메라 속에
속절없이 담는다

잠시 촛불을 켠다

하늘로 가는 글귀가 펼쳐지고 있다
가끔은 땅을 사라고 꼬꼬닭이 울고
명의를 바꾸라고 문자가 오기도 한다
잊지 못할 몇 가지 기억을 떠올리며
잠시 촛불을 켠다
마지막 그 짧은 순간
침묵할 수밖에 없었다고
허공에 대고 눈물만 삼키고
곶감 빼먹듯 나이만 먹고
지붕위의 연기처럼 날려 보낸 시간들
씁쓸한 발걸음을 보며 때늦은 후회를 한다
늦은 시간에 눈빛을 반짝이며 가끔씩 광고가 뜨고
바탕화면은 사진이 일렁이고
새벽이면 꼬꼬댁 닭 울음소리도 들려준다
창문틈새로 까치밥이 남아 있는지 새소리도 들리는데
오지 않는 전화를 기다리는
나는

겨울 나그네

빈 들판에 잠시나마 바람 쐬고 갑니다
겉옷도 걸치지 않은 채
논두렁이 아파트로 변한 곳
그 곳에서 오래도록
추위에 떨고 있는 나무가 되어 보기도 합니다

동지가 되기 전 저녁 어스름
떠도는 바람 소리에
끝없는 넋을 끌어안은 채
발산역을 지나 강화를
아무도 기다려 주지 않는 불빛을 따라 가다
길을 잃었습니다

대숲의 바람 소리
윙윙대는 자동차 소리
사람의 그림자도 얼씬거리지 않았습니다
전철을 한 번 늦게 타도되는데
욕심 때문에 많은 것을 끌고 가는 것은 아닌지
전철에 기댄 채 텅 빈 가슴을 붙잡고
서 있는 나그네를 봅니다

그리움

홀로라
외로운 건
그래서 그런 거야

찔려서
다시 돋는
장미꽃 가시로네

강물에
띄워 보내도
흘러오는 물결임

촛불에
태워 보며
가슴을 쓸어내도

가까이
다가와서
환하게 웃고 있는

비워도
다시 그 자리
피어나는 그리움

낙산사 가는 길

연어가
올라오는 남대천 가는 길은

분홍빛 메꽃으로
정겨운 초가지붕

홍예문
언덕길 따라
무지개가 걸렸다

벼랑 끝
낙락장송 갈매 빛 바다까지

하늘은 까만 점 점
한 폭의 동양화다

떠도는
흰 구름 되어
재촉하는 여행길

파랑새
따라와서 기도하던 의상대사

해조음 들려오는
바닷물 깊은 사연

그 연꽃
붉게 피어나 홍조 띠는 홍련암

칭찬

그 말이 무엇인지
모를 때도 듣고 싶은 말
혼날 때
그 누가 한 마디만 해주었어도
심술부리지 않고
더 잘할 수도 있었을 터인데

세월이 흘러
엄마가 되고 보니
그 인색함,
아쉬울 때가 많다
아이들에게
친구들에게
후배들에게
잘한다고 한 마디만 해주었으면 좋았을 것을

지금 이 시간
말 한 마디
못한 것을 후회한다
착하다
예쁘다
훌륭하다
세상에서 제일 듣고 싶은 한 마디

뽀송뽀송한 솜털같이
내 귀를 간질이듯
정성어린 손길로 다가올 때
내 머리를 쓰다듬어 줄 때
힘들었던 일들이 솜털같이 녹아든다.

엄마의 책상

연필을 곱게 깎아 돋보기도 옆에 두고
비스듬히 모로 앉는다
딸이 사준 책상
흠집이 생길까봐
달력으로 하얀 뒷면을 깔았다

아 야 어 여
정성스레 써보는데
자꾸만 깍두기 칸을 벗어나 다른 칸으로
옆에서 보니
연필 잡은 폼도
두꺼워진 손가락이 힘들다

끙끙 용기를 내어
왼손으로 노트를 잡고
다시 페이지를 넘긴다
어느덧 팔십이 지나고
아픈 고통을 잘 넘긴 엄마의 얼굴
백합처럼 환환 꽃이 피고 있다

무지개 송어

소나무
솔잎처럼
속 마디 닮은 너는

시간에 맞추어서
연주를 시작한다

오중주
피아노 소리에
춤을 추는 송어 떼

안개 낀 강을 끼고
동해로 흘러가고

굽이치는 물결 따라
모습을 보이다가

은사시
나무 떨리듯 환상처럼 뛰 논다

호박잎

둥글고
넓은 잎을 가슴에 말아 올려
가끔씩 노래한다
맘맘맘 만세 만세
물방울
또르르 굴러 불러보는 아리아

흰 대낮
이파리는 너엄실 바람 타고
낮에는 입을 꼬옥
밤에는 밝은 해로
환하게
입을 벌리고 함박웃음 짓는다

호박꽃
다문 틈새 꿀벌이 들어가면
꽃잎의 문을 닫고
삽시에 감옥이다
반딧불
호박꽃 속에 작은 등불 밝힌다

노오란
꽃불 들고 친구와 놀다 보면

은은한
요술램프 향기로 만들어서
신밧드
모험에 나온 신비로운 신세계

연잎

파도에 씻겨나간 빛바랜
소라껍질
귀대고 들어보면 갈매기
끼룩끼룩
신선이 놀다 간 그곳 따라 가본
어느 날

푸르른 연잎 가득 또르르
튕겨오면
먼 하늘 비를 몰아 우산을
만들려면
수제비 뜨며 걷다가 아슴아슴
먼 옛길

연못에 널리 퍼져 그러면
눈비비면
푸르른 넓은 잎 새 너울너울
춤추면
두레박 둥실 내려와 그 잎으로
오려면

목련

사탕을 사달라고
그렇게 보채더니

가지에 도는 햇살
솜사탕 만들었네

날마다
피는 꽃송이
웃음 더욱 새로워라

소하리에서

기형도 시인은 나랑 동갑나기다
기형도 엄마 장옥순 여사와
울 엄마 신일조 여사도 나이가 같다
구름 산을 거쳐 광명동굴에 갔다가
오리 사당 나들이를 한다
소하리에서 살다간 시인을 생각한다

겨울엔 희뿌연 눈으로
봄이면 진달래와 민들레가 수놓고
여름 밤꽃 향기는 온 마음을 뒤엎으며
가을이면 홍시가 빛을 발하던 곳

삼 십 동 마을, 시인의 마을은 문학관으로 변했다
열무 삼 십 단을 이고 장에 간
엄마 걱정을 쓴 시인의 추억에 잠긴다
추석날 산책길
문학관을 찾은 다음 날
엄마걱정에 나오는 장옥순 여사는
아들인 기형도 시인과
하늘의 별이 되셨다

가재 울에서

길을 걷다가
이곳이 가재 울
가재는 1급수에만 산다는데

그것도 심심산골 깊은 곳에서
갑옷 입은 장군처럼
무장하고 산다는데

해가 지면 하늘의 별이
몽고사막처럼 내려와
깊은 산속 돌부리 밑에서

지금도
가재들이
옛이야기처럼 이곳에 엎드려 있을까

2부 은어를 보며

은어를 보며

사진에 웃고 있는
모습을 따라가면

여름날 고기 잡던
투망 속 은빛 은어

솔밭 길
숲속에 앉아
바라보던 저 노을

비 갠 뒤 맑은 날에
강둑에 올라서면

풀 향기 수박 내음
밭둑까지 내려와서

정말로
뛰어 오르며
환한 삶을 살고파

인왕산 보러갔다

멀리서 바라보던
둘레 길 층층계단
흰 눈이
손짓하여 인왕산 보러갔다
바람을
가로지르며
오르내린 저 언덕

발아래 얇은 박석(薄石)
별처럼 반짝이고
창의문 올라서서 하늘을 쳐다보니
새들은
산으로 와서
백설기를 만들다

등 굽은 저 노송이
언제나 그 자리에
다람쥐
다람다람 구름도 쉬어 가면
남몰래
달이 내려와
술래 잡이 만들다

홍옥

턱 괴고 앉아 있던
볼우물 고인 얼굴

파랗게 쳐다보면
배시시 웃는 구름

여름 끝
새콤한 맛을
전해오는 내 친구

내 고향 봉화

하얗게 눈 쌓이면
알프스 거기 가랴

나무들 눈꽃 가득
마을은 적막강산

파랗던 긴 보리밭길
키가 쑥쑥 크던 곳

토끼들 먹이 찾아
마을로 내려오면

올해도 풍년 든다
말씀의 울 할머니

해마다 눈이 내리면
봉화마을 거기랴

작은 둥지

은행잎을 밟으며 시장에 갔다
김이 모락모락 나는 허름한 집
종종걸음을 하며 뛰어가는 사람들
손을 호호 부비며 걷는 사람들
그 틈 사이에
작은 둥지라고 쓴 간판이 보인다
손칼국수, 팥 칼국수라고 씌어 진 곳
우리들은 머리를 맞대고 앉아
멸치국물이 잘 어우러진 칼국수를 먹는다

딸들을 이곳 광명까지 오라고 하였는데
고희를 넘긴 하얀 머릿결은 빛을 발하고
꼬깃꼬깃한 지폐를 꺼내시는 어머니
버스를 기다리는데
내 머리위로 낙엽 하나 툭
돌아오는 버스 안
은행만한 눈물이 거리에 떨어진다

해당화 피는 마을

고향집 뒷담에 피던 해당화
밤새 아빠가 심었는지
향기가 그윽하다
서울에 와 살아도
꽃이 필 때면
마법에 걸린 아이처럼
달려가고 싶은 꽃 피는 산골 마을

날개를 달다

언젠가부터
언 땅 속을 뚫고
새움이 돋아나듯
잠들어 있던 땅이 갈라지고 있다

겨드랑이에 뭔가
꿈틀대고
가끔씩 통증이 느껴지는 것
참았다 이렇게 되었다고
간혹
왜 이렇게 되었는가 하고
말하게 되려는지

아무에게도 말하지 않고
푸드덕거리며
그래,
그렇게 날개를 달고
날아보려고 했다

달로 뜨고 싶던 날에

황금빛으로 물든 들녘
논두렁을 거닐면서
보듬어 안으시던 모습도 보입니다

차례를 지내시려고
햇곡식을 차리시던
그 모습을 뒤로한 채
홀로 먼 길 떠나셨네요

다른 엄마 이름은 춘자, 숙자, 간난인데
달처럼 예쁜 마음의
친구 엄마 이름은 김달이

얼마나 보름달로
뜨고 싶었으면
팔월 한가위에
팔공산으로 가신 걸까요

모든 일이 한가위만 같아라 하시더니…

꽃게

동해가 밀려오는
짭짤한 소금 내음

흰 속살 포동포동
흰 쌀밥 모락모락

연이는
밥 말아 먹고
뒤뚱뒤뚱 게걸음

병아리

미술 가방을 잃어버린 지 얼마 되지 않아
또 책가방을 잃어버린 연이

바람에 흔들리는 은행나무
버스 안에서 들리는 병아리 소리

삐약 삐약
병아리 노는 소리

현아!
놀이터에
놓아 둔 누나 책가방을 어떡할래

유년의 뜨락

산 비알 감자밭은
눈 뜨면 하얀 눈꽃

보랏빛 도라지는
기억에 뜨는 마을

밤사이
암탉이 울어
꺼내보는 새 달걀

마당가 텃밭에서
심어진 쑥갓 상치

웃자란 나물들을
하나 둘 뜯어다가

쌈밥에
먹던 보리밥
먹고 싶게 달려와

찔레꽃

초등학교 다닐 때
팔을 걷어 올리고
도장처럼 생긴 불주사를 맞았다

친구들과 찔레 순을 꺾어 먹으며
집으로 돌아오던 길
옹달샘에서 물을 먹고 깜빡 잠이 들었다
한참을 그렇게 단잠에 취해 있었다

찔레꽃이 하얗게 필 때면
엄마의 등에 업혀 집으로 돌아오던 길
그 길을 잊을 수가 없다
오늘도 그 길에
찔레꽃

다산을 생각함

봄풀에 쑥은 자라
운길산 향기롭다

다산은
책을 펴서
보물로 안던 고을

지금은
큰 숲이 되어
후학들을 밝힌다

동산에 올라서서
나라를 걱정하고

520여 편 책을 쓰고
거중기 만드시고

바람도
숲과 더불어
고운향기 피웠어

무섬 마을

내성천(內城川)이 마을을 안고 돌아
섬처럼 떠 있는 육지 속 섬마을
외나무다리에 서면
천천히 걸을 수밖에 없다

흐르는 물살에 미움을 흘려보내고
물길을 따라 걷는다
걷다 보면
먼저 가려고 하지 않는다

앞서거니 뒤서거니
밀어주고 당겨주고
반짝이는 금모래에 희망 안고
오늘도 무섬마을 걷는다

여왕이 되어

얼굴에 석고를 붙이고
세상에서 제일 편한 자세로 누워
모든 것 다 묻어둔 채
나는 여왕이 되는 꿈을 꾼다

그동안 내가 하지 않고서는
되는 일이 하나도 없을 것 같아
바쁘게만 허둥대고 살았던 지난 시간들

이제 허리가 아프고
가슴이 미어지고 실컷 울고 싶을 때에서야
나를 뒤돌아보게 되었는지

깜빡 잠이 들었다
한 번도 가본 적이 없는
몰디브해쯤에서 바라본 노을
아! 깨어나도
찬란한 꿈이여

압구정에 부는 바람

나도 옛날에는
아무도 모르는 골짜기에서
봄바람을 맞으며 냉이를 캐던 날이 있었다

그 바람에 지금까지도
내 맘속에 카리브 해를 떠올리며
아주 멀리 낯선 남쪽바다에 가고 싶어
어느 날 여왕이 되어 바람을 타고
긴 모래성을 쌓고 있었는지도 몰랐다

오늘 압구정에 와서
하늘로 올라가다 나무에 걸린 연처럼
지금까지 느껴보지 못한 바람을 맞았다

언덕에 부는 바람이
파아란 잎 새를 드러내며 손짓하는 날
그것은 잡힐 듯이 피어나는 무지개

가을이 오면

해마다 가을이면
그 곳에 가고 싶어
마음속에 그려보는 하늘가
아름다운 기억들이 단풍에 흩날리며
발길에 쌓이던 산길

아버지께서
무등 태워주시던
찔레꽃만 무성하던 들길

친구들과 숨바꼭질하며
꼬리 연을 날리던 추억
그때 놓쳐버린 연들은
지금 어디에서 우쭐댈까

올해는 꼭 가리라
바람만 바람만 하다가
무심한 생각들이
단풍으로 물들어 가는 것일까

여달미를 아시나요

인천 앞
바다 멀리
남으로 삼십 리 길

날씬한 제비꼬리
작은 섬 뻗어 내린

천년의
하얀 기념관
햇살 따라 바반짝

어둠의
동굴 속에
날아든 갈매기 떼

꽃구름 뭉게뭉게
포성이 잠잠하다

최초의
불을 밝히던
여달미를 아시나

여백

강물이 흘러들어 달빛에 흘러가도
가 닿을 수 없는 저 수평선
살아온 삶의 무게를
두레박으로 퍼올립니다

부족하고 아쉬운 미련
갈망하던 소망들
오늘과 내일 사이
너와 나의 사이
언제나
그 자리에는 새순 돋아옵니다

날마다 색칠하면 살아나는 풀빛들
채우면 채울수록 채워지는 공간 속에
담담히 수묵 담채화
채워가는 여백의 미

수동(水洞) 가는 길

더위를 식히려고
계곡을 찾아 든다
산 속에 자리 잡은 박물관 징기스칸
배낭을
내려놓으니
빠져드는 저 햇살

수박을 벗을 삼아
빙 둘러 앉아본다
물장난 하는 아이 도시락 먹다 보면
까맣게
그을린 얼굴
퍼져오는 솔향기

팔뚝에 솟는 소름
추워서 하늘 보면
떠도는 조각구름 행진에 맞춘 선율
여름 날
숲에서 누워
들어 보는 물소리

3부 편지 한 장으로는
못 담을 가을

편지 한 장으로는 못 담을 가을

천사들의 합창으로
노을빛으로 물들어 가는 것은
오래전부터 저들의 꿈이 빚어낸
잘 익은 향기로움일까

남 몰래 가슴 저미며
봄부터 틔워 온 소망이
바람에 흩날리는 것도
어쩌면 저들의 함성일까

아침 마다 마주치던 잎 새들은
매일같이 색동옷을 입고
인사를 보내오는 것도
저들만의 손짓인 것을

냄새가 난다고 툴툴 댔는데
이제야 알게 되었다
올 한 해 잘 참고 이겨내어
알사탕만한 보석으로 다가온 것을…

라일락꽃

산길을 걷다보면
가는 길이 낯설지 않을 때가 있습니다
케이크를 자르고 선물을 받는 시간이 되고 보니
환갑이구나,
라는 생각이 들었습니다

아! 내가 벌써
환갑 즈음에는 소원이 하나 둘 이루어질 것이라는
환상에 빠질 때도 있었습니다
어린 시절에 멀게 만 느껴지던
내 방향을 잡지 못할 때 그랬습니다

준비도 하지 않은
나는 아직 영하의 차가운 겨울인데
비가 오면 눈비를 맞아야 하고
바람 불면 바람을 맞는
꽃이 피면 꽃구경을 가는 나이가 되었습니다

사월 초파일
호압사에 줄지어 선 사람들을 보며 올려다 본 호랑이 바위
나보다 열 배나 더 된 나무는
세월의 흐름도 우직하게 버텨내는데
이제야 새소리 목탁소리

아이들 재잘거림을 듣게 됩니다

아!
나는 환갑을 맞이하는
보랏빛 라일락꽃

비 오는 날

주황색 원추리 꽃
초록빛 푸른 바다

노란색 병아리 떼
백합도 활짝 폈다

비 오는
거리의 풍경
담아보는 한나절

가시 꽃을 피운 남자

고난을 늪이라 하지 않고
가난을 아침햇살이라 여기며
디딤돌이라 믿었네

반딧불을 등불 삼아 책으로 울타리를 엮어
눈(雪) 빛으로 글을 쓰고
물방울로 바위를 뚫은 사람

영하의 땅을 온몸으로 뚫고
언제 보아도 언제 바람이 스쳐 지나도
빙벽에 꽃을 피운 복수 초 같은 사람

삶의 굴레 속에서도 좌절하지 않고
세파에 흔들리지 않고 자신을 지켜온
오늘의 가시 꽃을 피운 남자

11월 어느 하루 가시 꽃 쓰고 오는 길
가시 꽃을 피운 남자
국화꽃 향기 속에 빛보라로 남으소서

빨간 우체통

가을 날 우체통은
왼 종일 비를 맞고

거리는 비로 인해
낙엽이 쌓여 있다

편지지
한 장 가득히
비와 낙엽 띄워 본다

분홍빛 햇살 속에서

함께 바라보던
분홍빛 햇살 속에서
그 시간들은 향연으로 다가온다
마을 이야기를 통해서
서로의 이야기에 귀 기울이고
있다가도 없고, 없다가도 있는 마법을 배운다
어린아이가 되어 손을 꼭 잡고 징검다리를 건너다보면
아! 이 산이 아니었나 보다
삽질하며 수다로 노래했지요

시월 어느 날
살레시오 수도회를 찾았다
다양한 빛깔과 넓은 들판이
돈보스코의 따뜻한 숨결이 살아
영등포구를 지켜 주고 있었다
53년의 세월에도 퇴색되지 않고
비만 오면 진흙 범벅이 되었던 곳
분홍빛 햇살 속에서
추억을 담장 속으로 간직한 채
허물어져 가는 모든 기억은 눈물겹지만
우리들의 공동체 일환의 사업이
청명하도록 높은 가을하늘에 좋은 인연으로 거듭나기를

당산동 아침

북악산 높이 솟은
저 힘찬 돋을볕이
아리수 건너와서 비추는 당산 골을
오늘의
찬란한 아침
열어가는 마을길

그 옛날 천렵 잡고
노래한 벗님들이
당 지어 복을 빌어 새둥지 지었다는
백목련
띄워 보내며
빌어 보는 소원들

정답게 모여 사는
고샅길 어깨동무
은빛이 햇살 금빛
무지개 물살 되어
새날의
햇발을 찾아
익어가는 꿈동산

현이의 꿈

아들의 참관수업을 가서
A4를 반으로 접어서 놀이 한다
20년 후 현이의 꿈이야

축구선수 박지성
아나운서 최원정
지휘자 카라얀

엄마의 꼭 꼭 숨겨진 비밀을 안고
마술사가 된다

하얗고 까만 피아노 건반을 따라
한 옥타브 올라가면

피아니스트 하현이
지구를 그리는 예슬이
선생님을 닮은 아나운서 봉준이
현이의 꿈은 한자박사

20년 전 명함놀이를 하던
엄마의 꿈이 그네를 타고
그 시절을 노래했었지

두물머리에서

물방울이 떨어져
우듬지를 지나 검룡소에 닿아
아우라지에서 뗏목 타고
두물머리로 두둥실
흘러흘러 내가 되고 강이 되어
북한산 바라보며
깊은 한숨을 쉬는 걸 생각해 보신 적이 있는지

물과 물이 만나 어깨 기대어 내가 되고 강이 되어
밀고 당기며 바다로 향하는
그 마음의 뿌리를 아시는지
산을 쳐다보면서 움츠리지 않고
폭포에 떨어지며 망설이지 않는 저 기개를 보아라

천 년 만 년 고난도 업인양 껴안고
살아온 우리네의 삼베처럼 질긴 마음결
언젠가는
그 언젠가는 강화나루에서 철조망을 뜯어내고 북으로 치닫고
싶은 그 뜨거운 가슴의 용솟음을 아는지

물방개

논두렁 물방개는
혼자서 잘도 논다

유년의 냇가에서
노래를 불러 보면

깊은 산
산골 마을이
유리처럼 투명하다

주인 없는 리어카

더운 여름날
그는 오지 못할 하늘나라로 갔다
냉장고에 김치도 그대로 있는데
선풍기도 그대로 있는데
보증금 오백만원도 그대로 있다는데

겨울철 일이 없다고 리어카로
신문지며 헌옷가지를 팔아 생활해 왔는데
누나가 한 명 있다고 했다

선풍기가 고장 나던 날
그에게 갖다 준다고 하다가
김치를 덜어달라고 하다가

연고자 없어
묘지에도 묻히지 못하다가
그는 한 줌 재도 남기지 못하다가
여름이 가기 전에 한 편 영화로 남았다

마음의 선물

하늘을 보고 있으면
아이 같은 마음으로 감사하며
시나브로 변화되는 마음은
평화를 향해 흘러가는
잔잔한 구름 같은 것

고민은 눈 녹듯이 사라지고
실천을 할 용기와 기회의 순간으로
즐길 줄 알고 배려하며
고마워하는 가슴을 열면
함께한 모든 시간들이
커다란 밀물이 되고 강물이 되어

때로는 포근한 어머니처럼
때로는 말없이 품어주시는 아버지처럼
행복을 꿈꾸는 마음의 선물이 되었네

깁스를 풀다

2주 동안 난 신(神)으로 살았다
전철을 타면 자리도 양보해 주는 이도 있었고
말만 해도 당당했다
평소 걷던 걸음을 삼분의 일로 줄이고 컴퓨터와 씨름했다

오월이 시작되던 날
보물섬에 갔다가
널빤지에 복숭아 뼈를
부딪혔을 뿐인데

깁스를 하고 다니는 동안 난
빙 신(身)이었다
2주간 24절기를 빙 돌아서 온 것 같다
코로나19로 인해 더 많은 것이 산재해 있음을 배운다
깁스를 풀고
제일 먼저 k2 신발을 샀다

깁스를 풀지 말고 한 주 더
신(神)노릇 할 걸…

바이올렛 연가

아이들
재잘재잘
요들송 귀를 열면

푸름이
일렁일 때
하나 둘 숨바꼭질

산과 들
낮은 음계로
피어 있는 제비꽃

담장에 피어든 장미

아픈 가슴 내보이며
울타리를 기어오를 때
나비가 날아들고
봄 하늘에 피어오르기까지

반짝반짝 피어든 빠알간 꽃송이들
봄조차 아쉽다 부끄러운 푸념들조차
사슴에 가시 꽃 되어
면류관 쓰고 옵니다

등불이고 싶다

창공을 날아 오른
웃음꽃 피는 공원

눈시울 붉어지고
간절함 깊어지면

가족은
등불이 되어 밝혀주는 선물이다

조금씩 배려하고
토닥여 살다 보면

단풍도 물감 풀어
저 산도 내려와서

화폭에
한껏 환하게 밝혀주는 내 가족

새벽

희뿌연 얼굴로
다가오는 너
창문을 열면
꽃향기 은은하고

새벽에 들려오는 발자국 소리
신문 배달되는 소리
그 소리에 잠이 깬다

모두들 잠든 시간에도
청소부 아저씨의 리어카 소리
행복을 담는 봉투 소리
봉투 속에 담겨진 사연들과
발자국 소리를 듣는다

이 새벽에
마시는 허브 차 한 잔
오늘 따라 새롭게 느껴진다

새벽별

꿈속에 만난 친구
깨어나 반짝인다

교실은 수업 시간
친구와 싸웠던 일

새벽에
하늘을 봐도
초롱인다
별빛만

혹시나 아침일까
귀 쫑긋 엿들으면

풀잎에 이슬 먹고
열매들 익어가는

어느새 햇살 가득히
학교길이 밝아온

이웃 사랑

무더운 여름에도
창문을 굳게 닫고
실외기 에어커만 윙윙윙

택배 아저씨
택배 왔어요
시끄럽게 이름을 부르면
이웃집 강아지도 덩달아 컹컹컹

한 계단만 내려서면
TV 소리 들려오고
오해로 살아가는 이웃들이지만

볼라벤 태풍에
호박이 떨어질까
협동하던 이웃들
옥상에 심은 호박덩굴처럼
더불어 살아가는
이웃이 되고 싶다

피아노 폭포

가을이
오는 들녘
날아든 메뚜기들

연못가 아주 작게
줄을 선 피라미 떼

물소리
반주에 맞춰
노래하는 아이들

계단에
올라서면
도레미파 솔라시도

헨델과 크레델이
초콜릿 먹던 곳에

동화 속
주인공 되어
팅겨 보는 피아노

3부 편지 한 장으로는 못 담을 가을

4부 감나무에 앉은 까치

감나무에 앉은 까치

감잎은 떨어지고
남겨진 감이 몇 개

서산에 해 기울고
초겨울 찾아오면

감나무
홍시를 먹는
왕이 되어 왕 까치

사진

어릴 적 서랍 속에 숨어서
나풀나풀 춤추던 딸
앨범 속에 펼쳐지는 한 편의 모노드라마

때때옷을 입고 고궁을 거닐었고
세숫대야에 눈사람을 담아 왔던
낙엽위에 앉아서 폼을 잡던 아들

강가에서 날리던 연 꼬리 찾아
옛날에 놀던 그 곳에 가보았지만
지금은 빌딩 숲으로 술래잡기

먼 하늘을 바라보면
두둥실 구름타고 오는 친구들
금빛 강물에 펼쳐지던 하얀 물결
산 속에 뛰어 놀던 산토끼
동생들과 밤늦도록 내기하던 공기놀이
꿈속에서 떠오르는 앨범 속의 사진들

눈 내리는 문경새재

나뭇가지에 흰 눈이 쌓였다
쌓이면 또 떨어지고 바람이 불 때마다 떨어지는 데
그때 못다 한 인사말이 남았는지
새재를 붉게 물들이고 있던 단풍나무
나무들은 흰 눈으로 머리끝까지 모자를 쓰고
세상의 모든 것
덮을 것 다 덮어버리고 조용히 살라고 한다

발자국이라도 남기고 올 것을
색소폰 소리가 아직도 귓가에 들려오는데
갈색 추억이 오늘은 하얀 눈발로 달려온다
기온이 내려가고 영하의 추운 몸으로
자작나무에 바람이 분다

주흘산에서 새재로 이어지는 길목
흩날리는 눈발을 맞으러
오늘도 달려가고 싶어진다
이렇게 눈 내리는 날이면
나를 기다리고 있을 솟대

숲

나무는 사람을 닮았다
성이 다른 사람들이
모여 사는 것처럼
나무도 그렇게
은사시나무는 은사시끼리
자작 낡은 자작들끼리
이웃을 이루고 마을을 만든다

나무에게도
저들만의 은어가 있다
대나무는 대나무들만의
소나무는 소나무들만의
남이 못 듣는
저네들만의 은어(隱語)

바람 부는 날
숲에 가면
나무들의 재잘거림이 들린다

작은 나무는
서로 어깨 기대고
큰 나무는
홀로 청정(淸淨)하고

다투고 부대끼며
해 지고 달이 떠도
서로 즐겁다

나무와 나무가 만나 숲을
사람과 사람이 만나 마을을
나라와 나라가 만나 세계를
웃음을
기쁨을
행복을
새봄의 은사시 이파리가 될 수 있다면
새봄의 자작나무 물오른 가지가 될 수 있다면
나무처럼
욕심 없이 살 수 있다면

마음의 풍경

창 너머 바깥 풍경
너에게 들려주며

바깥을 그려봐요
호숫가 걸어 봐요

마음의
공원 벤치에
날아드는 오리 떼

백조가 물을 날고
아이들 보트 타면

팔짱 낀 연인들은
사이 길 달려오며

펼쳐진
그 꽃길위에
연인들의 다정함

지그시 두 눈 감고
풍경을 연상하는

얼굴이 평안하며
가만히 긴 숨 쉬는

그대의
바깥세상은
잘 보이는 안식처

바람의 말

바이칼 호수를 돌아
꿩의 바람꽃
바이올렛
올 봄에도 숲속에 피어
바람이 불 때마다 말을 건네 온다

내가 그리워하는 사람이 있듯
그도 내가 보고 싶을 테지
미루나무에 걸려 있던 흰 구름
은빛 금빛 사랑이 일렁일 때
해맑은 웃음 속에 바람이 숨는다

봄바람에 아네모네
다시 올 날 기약하며
파랑새 되어
오늘도 윙윙윙
떠도는 바람의 말

엄마

이팝나무

흰 쌀밥을 먹고 싶었어
찔레꽃잎 따 먹었지
엄동설한 추위 참아내며
냉기 서린 밤
어린 오 남매를 끌어안는

우린 강아지
서른일곱
울 엄마
벼랑 끝 소나무로
닭이 알을 품듯

그 날은 빨간 들장미가 타오르고 있었다

하늘창가 아버지의 빨간 들장미가 피는

울 엄마
이팝나무
송이송이 손가락이 몽울몽울 목화별 산책길에 서신

뉴칼립투스

장미 단을 펼쳐 놓고
꽃 다듬을 때
열무 단을 다듬는

바구니에 담겨지는 장미
뉴칼립투스
언제 호주에서 이곳까지 날아온 것일까
뉴칼립투스 나뭇잎만 먹고
20시간씩이나 잠은 자는 코알라

연리지나무 둘
엉켜 하나로 자란
뉴칼립투스 나뭇잎
열무가 익어갈
시원한 파도소리가 들려오고
바구니 하나 가득
일렁이는 푸른 바다

흰 눈

내리는 눈은
나 아닌 다른 사람이 살고 있을 것만 같은
그에게도 날리고 있겠지
흰 눈이 내 발에 밟히는 날은
달려가 그 앞에 떨어지고 싶다
마법에
걸린 아이처럼
달려가고 싶다

겨울 은어

은비늘
번쩍이는
폭포에 빠진 운해

햇살을
찍는 은어
눈 쌓인 자운봉에

바람은
병풍 사이로
신선대를 오른다

소

힘든 일 마다 않고
텃밭을 뚜벅이며

이 고랑 우직하게
저 고랑 걸어와서

이순(耳順)에
담긴 여물통
바람으로 날리네

시장

마음이 우울해지는 날에 시장에 간다
좌판에 번뜩이는
꽁치 고등어 갈치
생선비늘 보면
인제 언저리 자작나무 숲이 보인다

가슴속 응어리진 무게만큼씩
오이며 가지 열무 얼가리
소고기 돼지고기
아이들이 좋아하는 갈치 몇 마리
장바구니에 담는다

시장 한 켠 중년 할머니
갈퀴 같은 손으로
오늘도 정갈하게 열무를 다듬으면
고양이는 옆에서 오수에 졸고
시험관이 된 호랑이 콩
통행을 확인한다

살구 자두 복숭아가 코끝을 간질인다
트럭에 실어 나르는 금은보화
어디에서 와서 어디로 가는지
사람들은 파도처럼 밀려오고 쓸려가며

바다냄새를 물씬 풍긴다
시장은 날마다 기지개를 켜고
그리운 사람들을 기다리며
오늘도 나를 부른다

폐선

바다가 보내주는
푸르른 편지 위에

파도에 씻겨나간
빛바랜 조개껍질

노옹(老翁)의
폐선 한 척만
마을 어귀 지킨다

벼꽃 한 섬

벼가 익어간다
나팔꽃 따라 맴맴 고추잠자리
햇볕에 낟알은 더욱 단단해진다
한낮에는 바람 따라 인사하고
황새는 먹이를 찾아오고
이슬 맺힌 이랑에 날아드는 메뚜기
농부의 기침소리
한 바탕 소란을 피운다

아이들이 밥상에서
웃음꽃 피우며 무심코 흘린 밥
농부의 땀과 노력의 결실이라는 것도
모른 채 지나쳤는데…

무심코 밥을 남기고 돌아선 나
창문에 와서 울던 매미
고추잠자리 하늘을 날 때
비로소 농부가 생각이 난다
나팔꽃 하나
벼 포기를 세우며 나를 부른다

고마우리 샛강

갈대가 손짓하는

담쟁이 애기 똥 풀 벌 나비 노루장이
땅 속에 얼굴을 묻고
숨어 사는 고마리*를 만난다

거뜬히 버틴 몇 날
나무 틈새로 돋아난 버섯
바닥에 흩어졌다 부서졌다 모여지고
물속에 발자국 따라 걸어보는 강둑 길

* 고마리 : 물을 깨끗하게 정화 지켜주는 고마운 풀이라는 말에서
 붙게 된 우리의 순수한 언어. 우리 조상님들이 '고마우
 리' 하다가 '고마리'가 되었다.

광화문을 지나며

해태 상에 얽힌 바람
광장을 지키는 세종대왕과
왜적을 물리친 용맹
이순신 장군
붉은 악마의 축제 열기와
푸른 물결이 넘나들며
젊음이 어우러지는 곳에
잿빛 하늘은 빗방울이 되어 흐른다

경복궁 근정전 뜨락 바람
덕수궁 돌담길에 와 대한문에 머물다
금수강산에 펼쳐 나간다

국내 정세의 기운
민족의 상처를 감싸 안은 채
아련한 기억들을 불러 모아
분단의 슬픔이 광장에 어룽인다

세종대왕
이순신 장군
유구한 역사 속에서도 지킴이로
희망의 불꽃 되어 광화문을 버티고 있다

산

눈앞에 우뚝 솟은
우람한 산봉우리
끝없이 펼쳐지는 하늘을 바라보면
어깨에
뭉게구름이
나를 따라 머물러

사계절 바꿔가며
옷 빛깔 달리 해도
바위틈 천 년 노송 푸르게 번져가고
발밑에
밟히는 낙엽
신발까지 물들어

시위 줄 잡아당겨
앞사람 따라 간다
계곡에 올라서니 어느새 은빛 안개
두 손에
맺히는 방울
이슬 되어 빛 되어

소나기 마을

친구들과 하교 길에
만난 소나기
갑자기 우우 쏟아지는
비를 피할 수 없어
토란잎으로 머리만 감추고
친구네 집에 들르면

친구 어머니는 물레를 자으시고
우리들에게 주신
옥수수와 번데기

맛있게 먹고 나서 바라 본 하늘
초가집 위에
물안개가 모락모락 피어오르고
어느덧
일곱 빛깔 무지개

가을 길

잠자리 날개 따라
늦 매미 우는 들녘

바스락 소리 내며
밟히는 커피 내음

잊을까
갈 낙엽 위에
새겨지는 그 길을

높아진 저 하늘 끝
무엇에 도취되어

귀뚜리 쓰르라미
내 귀에 들려오나

꽃구름
싣고 오네요
뭉게구름 떠가요

꽃구름 타고

창틈에
솔솔
발을 들이미는 바람처럼

비 오면 비를 맞고
눈 오면 눈을 맞고

하늘의
꽃구름 타고
한 생애를 사는 것

□ 해설

목화별 하늘의 따스한 시학

홍정희 시집 『목화별 산책』에 부쳐

홍 문 표

시인 · 비평가 · 전 오산대학교 총장

　홍정희 시인이 이번에 제2시집「목화별 산책」시집을 내게 되었다. 시집 상재를 진심으로 축하한다. 홍정희 시집 「목화별 산책」은 총 4부로 되어 있다. 1부 '목화별 산책' 2부 '은어를 보며' 3부 '편지 한 장으로는 못 담을 가을', 4부 '감나무에 앉은 까치'로 되어 있다.

　1부 '목화별 산책'은 시집 제목이기도 한데 아련한 어린 날의 고향 목화밭에서의 추억이 포근하게 깃 들인 시 세계이다. 2부 '은어를 보며'는 사랑하는 사람이 남긴 자취에 대한 그리움이다. 3부 '편지 한 장으로는 못 담을 가을'이어서 한결 시인의 위치가 아름답다. 4부 '감나무에 앉은 까치'는 지금 당장 행운이 다가오는 기쁨으로 충만하다.

　홍시인은 이번 시집 제목을 작품 중 한 편인 「목화별 산책」으로 하였다. 팔십여 편의 작품 중에서 이 작품을 제목으로 한 것은 그만큼 이 시가 갖는 시인의 관심과 애정과 내심의 시적 메시지가 있다는 말이 된다. 그렇다면 시집제목이 되고 있는 「목화별 산책」부터 보아야 하겠다.

> 누구나 가슴 속에
> 별 하나 만듭니다
>
> 장미꽃 심어 놓고
> 나팔꽃 트럼펫이
>
> 화단에
> 목화씨 몇 알
> 정성들여 심어 봅니다
>
> 흰모래 금빛 물결
> 은어가 뛰놀던 곳
>
> 백로 떼 날아들어
> 신선도 놀다가는
>
> 물레를
> 잣던 둘레길
> 무명옷이 그리워
>
> 실 뽑아 한 올 한 올
> 마음을 열어가며
>
> 사랑의 방방곡곡
> 원앙침 수놓으면
>
> 찬란히
> 목화별 뜨는
> 밟아가는 산책 길
>
> ―「목화별 산책」

시 「목화별 산책」은 '목화'와 '별'과 '산책'의 합성어이다. 따라서 홍 시인의 상상력이 동원되는 시의 세계는 일차적으로 목화별 뜨는 산책길이다. 사람들은 누구나 저마다 꽃처럼 아름다운 별을 품고 산다. 그런데 시인은 유독 하얗고 부드럽고 따스한 목화송이 목화 꽃 그 포근한 별을 품고 산다. 여기에 그의 소박하고 따뜻한 삶과 시가 있다. 그러기에 그의 시는 늘 목화처럼 따뜻하고 포근하다.

시인은 서두에서 사람은 누구나 가슴에 별 하나 만들어 간다고 했다. 그렇다 사람은 누구나 각자의 별을 만들어 간다. 그런데 문제는 어떤 별이냐 하는 것이다. 대개는 장미꽃이나 나팔꽃 같이 잘 드러나는 꽃을 선호한다. 그러나 홍 시인은 목화 꽃처럼 비록 화려하고 요란하지 않지만 그러나 따뜻하고 포근할 뿐만 아니라 우리의 생존을 지켜주는 옷감이 되어 우리를 보호하고 감싸주는 정말 어머니같이 포근한 사랑의 꽃이다. 시인은 이러한 꽃을 사랑하며 이를 선망의 별로 승화시켜 삶의 이정표로 삶고 있는 것이다.

시인이 어떤 이미지를 선택하는 것은 바로 그의 삶과 꿈을 그런 이미지에 투사하는 은유가 된다. 아니 그의 자화상이기도 하다. 따라서 홍시인의 목화별은 그가 걸어가는 삶이고 그가 꿈꾸는 시학의 길이다. 그리하여 그의 시와 삶은 바로 목화별과 함께 동행 하는 아름다운 꽃길이 된다. 그래서 이 시의 마지막은 "찬란히/ 목화별 뜨는/ 밟아 가는 산책길"로 마무리 하게 된다.

그러나 찬란히 목화별 뜨는 시인의 산책길은 소박하고 조용한 길만이 아니라 오히려 보다 적극적이고 역동적인 삶을 통하여 폭넓은 사유와 상상의 보폭을 넓히는 목화별이 된다.

그 길은 우선 강인한 길이고 정열의 길이다. 부단히 도전하고 적극적인 길이다.

> 소나무는 하늘과 땅 구름을 잇는다
>
> 사계절 청정한 푸름
> 잃지 않는 한 그루 선비나무
> 서릿발 그 기개 떨쳐
> 한반도의 보석되리라
>
> 세한도의 꿋꿋한 소나무 향기
> 늙어서 허리 휘고 머리 세더라도
> 앞으로 곧장 나아가리라
> 억만년까지 무릎 꿇지 않으리라
>
> 세한도가 소나무에서 자란다
>
> ―「세한도(歲寒圖)」

시인은 우선 그의 삶의 모습을 「세한도(歲寒圖)」 평생 늙어서 휘고 머리 세더라도 앞으로 곧장 나아가리라 다짐하고 있다. 강인한 의지와 생명력의 소나무가 되어 세파를 이겨내는 목화별이 되겠다는 것이다. 그러면서도 한편으로는 그의 시야를 넓은 세상으로 돌린다.

> 나일강
> 기슭에서 불곡산 골짝까지
>
> 폭풍우 타고 와서
> 지느러미 넘실대고
>
> ―「불곡산, 악어를 만나다」에서

시인의 시야는 「불곡산, 악어를 만나다」에서 바슐라르가 꿈꾸는 3단계의 기법으로 역동적 상상력의 세계로 시야를 넓힌다. 세계적인 시의 시야이다.

> 한 생애
> 축배를 들며
> 박수치는 잔칫날
>
> 별처럼 반짝이며
> 달처럼 피어나던
> 벚꽃이 지던 날에
> 하늘을 바라보며
> 눈 덮인
> 눈 표범처럼
> 히말라야 걷고 있다
>
>   -「히말라야를 걷다」에서

홍시인은 여성이다. 그런데도 그의 관심은 히말라야를 걷는다. 그 때가 "눈 덮인/ 눈 표범처럼/ 히말라야 걷고 있다"라고 하고 있다. 그리고는 내 고향 봉화가 하얗게 눈이 쌓이면 알프스에 가고 싶단다. 이러한 역동적 상상력은 시인의 시 폭이 넉넉하고 푸짐하고 그리고 아주 넓어서이다.

> 하얗게 눈 쌓이면
> 알프스 거기 가랴
>
> 나무들 눈꽃 가득
> 마을은 적막강산
>
> 파랗던 긴 보리밭길

키가 쑥쑥 크던 곳

토끼들 먹이 찾아
마을로 내려오면

올해도 풍년 든다
말씀의 울 할머니

해마다 눈이 내리면
봉화마을 거기랴

- 「내 고향 봉화」

 시인의 아름다운 시의 현재는 "별처럼 반짝이며/ 달처럼 피어나던/ 벚꽃이 지던 날에/ 하늘을 바라보며" 시인의 시선이 머무는 곳은 항상 하늘이고 알프스이고 그 하늘의 별이다.

소쩍새
우는 밤의
노래로 잠이 깨면

마름질 반닫이 문
거울 속 송사리 떼

적송 숲
뽀얀 안개가
전설처럼 감싸온다

거북이
알을 품은
영귀 봉 따라가면

팔 벌린 팔작지붕

날아가 펼쳐지고

나무들
틈에 기대어
천자문을 배운다
-「나무에 기대어」

이 「나무에 기대어」 시어의 탄생은 소쩍새 소리와 적송이 어우러진 부석사를 산책하면서 배흘림기둥의 팔작지붕이 시인에 의하여 포착된다. 나무에 기대어 아이들과 천자문을 노래하는 과정에서 탄생하게 되었다. 시인의 「나무에 기대어」에서 드러나는 일상이 있다. 소쩍새 우는 밤과 마름질한 반닫이문과 거울 속 송사리 떼가 있다. 적송 숲 뽀얀 안개가 전설처럼 감싸오는 곳이다. 이제 시인의 행동이 전개된다. 거북이 알을 품은 영귀봉 따라간다. 그리고 시인이 따라가면 두 팔 벌린 팔작지붕 날아갈 듯 펼쳐지고 나무들 틈에 기대어 천자문을 배운다(-「나무에 기대어」)이다.

한편 홍시인의 시어는 '따라' 가는 시어의 다빈도 현상을 보인다.

불빛을 따라 가다 -「겨울 나그네」에서
영귀 봉 따라가면 -「나무에 기대어」에서
굴곡진 능선 따라 -「선릉에서」에서
언덕길 따라 -「낙산사 가는 길」에서
파랑새 따라와서 -「낙산사 가는 길」에서
굽이치는 물결 따라 -「무지개 송이」에서
모습을 따라가면 -「은어를 보며」에서
하얗고 까만 피아노 건반 따라 -「현이의 꿈」에서

저 산들도/ 나를 따라와 - 「가족」에서
매캐한 냄새 따라 강아지 꼬리치고 - 「가족」에서
감나무에 앉은 까치 - 「감나무에 앉은 까치」에서
나팔꽃 따라 맴맴 고추잠자리 - 「벼꽃 한 섬」에서
한낮에는 바람 따라 인사하고 - 「벼꽃 한 섬」에서
신선이 놀다 간 그곳 따라 가본 -「연잎」에서
앞사람 따라간다 -「산」에서
잠자리 날개 따라 -「가을 길」에서

따라서 홍시인의 시 제목『목화별 산책』이 주는 산책의 당위성이 다양한 현주소의 산책의 '따라' 다빈도(多頻度)로 하여 시 제목의 당위성이 입증하게 된다.

목화별 홍 시인에게도 그리움이 있다. 그것은 다름 아닌 온 정성을 기울여 살아온 지난날의 하늘에서부터 그리운 나날들의 찬란한 꿈이 현실로 이어지는 길목에 서서 가지는 그리움이다. 그것은 때로는 여의치 않은 현실이 겹겹이 쌓여있고 그리고 둘러 싸여가지만 그때 그 때마다 흔들리지 않고 배우며 익혀왔던 지난날을 누군가 잘했다고 다독거려 줄 것에 대한 그리움이다. 그래서 시인은 늘 그리움의 산책길에 선다. 그리움의 바람을 쐬는 일이다.

빈 들판에 잠시나마 바람 쐬고 갑니다
겉옷도 걸치지 않은 채
논두렁이 아파트로 변한 곳
그 곳에서 오래도록
추위에 떨고 있는 나무가 되어 보기도 합니다

동지가 되기 전 저녁 어스름

떠도는 바람 소리에
끝없는 넋을 끌어안은 채
발산역을 지나 강화를
아무도 기다려 주지 않는 불빛을 따라 가다
- 「겨울 나그네」에서

촛불에
태워 보며
가슴을 쓸어내도

가까이
다가와서
환하게 웃고 있는

비워도
다시 그 자리
피어나는 그리움
- 「그리움」

  무엇이 홍 시인에게 그토록 큰 그리움으로 다가오는 것일까? 그것은 홍시인의 품은 마음과 세상과의 불일치에서이다. 홍 시인이 그리운 것은 홍예문 언덕길의 무지개(「낙산사 가는 길」)이고 낙락장송이며 파랑새 따라와서 기도하던 의상대사이다. 그들의 훌륭한 삶의 기록에 매료되어 산책길을 나섰던 것이다. 자랑스럽게 서 있는 그들에게 홍시인은 잘했다고 칭찬하며 그러한 자신을 누군가 칭찬해 주기 바란다.

지금 이 시간
말 한 마디
못한 것을 후회한다
착하다

예쁘다
훌륭하다
세상에서 제일 듣고 싶은 한 마디

― 「칭찬」에서

  한편 홍 시인이 가장 좋아하는 하나가 있다. 소나무와 그 소나무에서 나오는 향기의 짙음이다. 누구나 좋아할 그 무엇을 홍시인은 몹시도 좋아한다. 소나무와 소나무 향과 그리고 호박꽃과 그리움이다. 피아노 폭포와 바이올렛의 연가, 호박꽃 웃음의 그리움이다. 등불이다.

둥글고
넓은 잎을 가슴에 말아 올려
가끔씩 노래한다
맘맘맘 만세 만세
물방울
또르르 굴러 불러보는 아리아

― 「호박꽃」에서

파도에 씻겨나간 빛바랜
소라껍질
귀대고 들어보면 갈매기
끼룩끼룩
신선이 놀다 간 그곳 따라 가본
어느 날

푸르른 연잎 가득 또르르
튕겨오면
먼 하늘 비를 몰아 우산을
만들려면
수제비 뜨며 걷다가 아슴아슴

먼 옛길

연못에 널리 퍼져 그러면
눈비비면
푸르른 넓은 잎새 너울너울
춤추면
두레박 둥실 내려와 그 잎으로
오려면

- 「연잎」

  홍 시인은 자연이든 아니면 문명의 이기이든 그것이 신비로움이면 모두 좋아한다. 연잎의 오묘한 모습을 보면서 시인은 그가 좋아하는 온갖 좋아하는 것들이 연잎의 은유로 시 안에서 나란히 놓인다. 파도 · 소라껍질 · 갈매기 · 신선 · 푸르른 연잎 · 먼 하늘 · 우산 · 수제비 · 연못 · 두레박이다. 이토록 신선이 노니는 세계를 특히 좋아한다. 신이 만들어준 혜택을 맛보려 시인은 산책을 나선다. 더욱이 목련을 보며 그녀는 웃음을 얻는다(「목련」).

  모두 만발한 것을 좋아한다. 진달래와 민들레도 여름밤꽃 향기도 그리움(「소하리에서」)도 그러하다. 한편 유년기의 추억도 좋아한다.

가재는 1급수에만 산다는데

그것도 심심산골 깊은 곳에서
갑옷 입은 장군처럼
무장하고 산다는데

해가 지면 하늘의 별이
몽고사막처럼 내려와

깊은 산속 돌부리 밑에서

지금도
가재들이
옛이야기처럼 이곳에 엎드려 있을까
- 「가재 울에서」

「가재 울에서」시는 유년 시절 산골마을에서 가재를 잡으며 놀던 추억이 시에서 산책길에 들어섰다. 거기엔 은어의 추억도 있다.

비 갠 뒤 맑은 날에
강둑에 올라서면

풀 향기 수박 내음
밭둑까지 내려오고

때로는
뛰어 오르는
은어같이 살고파
- 「은어를 보며」에서

세상에서 가장 고귀한 그 고고한 무늬를 자랑하던 은어를 보며 홍 시인은 고향을 추억의 가장 소중한 기억으로 은어처럼 살고 싶어 한다. 은어는 수박향기가 나고 은물결의 가장 아름다운 색과 고귀하고 황홀한 색을 지닌 은어의 수중 속 삶의 칭찬을 '은어같이 뛰어 오르는 은어 같이 살고파'라 하였다. 이러한 은어에 대한 산책은 유년기에서 다시 역시 아래로 내려가는 삶이 아니라 뛰어 오르는 하늘의 삶이다. 시인은 이제 그의 시를 통하여 뛰어 오르는 삶이 하늘로 향한다.

발아래 얇은 박석(薄石)
별처럼 반짝이고
창의문 올라서서 하늘을 쳐다보니
                                  - 「인왕산을 보러 갔다」에서

푸른 하늘 쳐다보면
배시시 웃는 구름
                                  - 「홍옥」에서

세한도(歲寒圖)
소나무는 하늘과 땅 구름을 잇고
                                  - 「세한도(歲寒圖)」에서

하늘을 보고 있으면
아이 같은 마음으로 감사하며
시나브로 변화되는 마음은
평화를 향해 흘러가는
잔잔한 구름 같은 것
                                  -「마음의 선물」에서

벚꽃이 지던 날에
하늘을 바라보며
                                  - 「히말라야를 가다」에서

잠시 촛불을 켠다
하늘로 가는 글귀가 펼쳐지고 있다
                                  - 「잠시 촛불을 켠다」에서

해가 지면 하늘의 별이
몽고사막처럼 내려와
                                  - 「가재울에서」에서

 이제 홍 시인이 책 제목을 정한 이유들이 드러났다. 서산에 해가 지고 하늘의 별이 몽고사막처럼 내려온다는 것에서이다.

홍 시인은 좋아하는 해나 별이나 하늘이나 그리고 온갖 홍시인의 기억들 속의 그리움으로 되살아나 본래의 원초적인 가장 좋은 것으로 바꾼다. 시인은 신비로움의 시인이다. 마음의 하늘을 그리워하는 하늘 시인 바로 목화별의 세계이다.

하늘을 좋아하는 홍시인에게는 또한 어우러지는 넓은 마당이 있다.

> 우리들은 머리를 맞대고 앉아
> 멸치국물이 잘 어우러진 칼국수를 먹는다
>
> 딸들을 이곳 광명까지 오라고 하였는데
> 고희를 넘긴 하얀 머릿결은 빛을 발하고
> 꼬깃꼬깃한 지폐를 꺼내시는 어머니
> 버스를 기다리는데
> 내 머리위로 낙엽 하나 툭
> 돌아오는 버스 안
> 은행만한 눈물이 거리에 떨어진다
>
> — 「작은 둥지」에서

> 고향집 뒷담에 피던 해당화
> 밤새 아빠가 심었는지
> 향기가 그윽하다
> 서울에 와 살아도
> 꽃이 필 때면
> 마법에 걸린 아이처럼
>
> — 「해당화 피는 마을」에서

> 아무에게도 말하지 않고
> 푸드덕거리며
> 그래,
> 그렇게 날개를 달고

날아보려고 했다.
- 「날개를 달다」에서

찔레꽃
초등학교 2학년 때
긴 줄을 세우고 한 명 씩
팔을 걷어 올리고 불주사를 맞았었다
곧잘 친구들과 찔레순도 꺾어 먹었다
- 「찔레꽃」에서

홍 시인은 3부 '편지 한 장으로는 못 담을 가을'에서 「편지 한 장으로는 못 담을 가을」 시를 천사들의 합창으로 한다. 그의 관심은 합창과 어우러짐이다.

천사들의 합창으로
노을빛으로 물들어 가는 것은
오래전부터 저들의 꿈이 빚어낸
잘 익은 향기로움일까
-「편지 한 장으로는 못 담을 가을」에서

케이크를 자르고 선물을 받는 시간이 되고 보니
-「라일락 꽃」에서

주황색 원추리 꽃
초록빛 푸른 바다

노란색 병아리 떼
백합도 활짝 폈다
-「비 오는 날」에서

깁스를 하고 다니는 동안 난
병신이었다

> 2주간 24절기를 빙 돌아서 온 것 같다
> 코로나19로 인해 더 많은 것이 산재해 있음을 배운다
> 깁스를 풀고
> 제일 먼저 k2 신발을 샀다
>
> 깁스를 풀지 말고 한 주 더
> 神노릇 할 걸…
>
> 　　　　　　　　　　　　　　-「깁스를 풀다」에서

  홍시인은 우연히 발목을 다침의 현실조차 다가온 어려움으로 이해한다. 시인의 가슴으로 울림을 준다. 그래서 이 어우러짐은 현실의 어려움을 푸는 열쇠로 만드는 마법의 시인이다.

> 시장은 날마다 기지개를 켜고
> 그리운 사람들을 기다리며
> 오늘도 나를 부른다.
>
> 　　　　　　　　　　　　　　-「시장」에서

> 맛있게 먹고 나서 바라 본 하늘
> 초가집 위에
> 물안개가 모락모락 피어오르고
> 어느덧
> 일곱 빛깔 무지개
>
> 　　　　　　　　　　　　　　-「소나기 마을」에서

  시인에게 다가온 인생은 아주 흥미롭고 그리고 여유만만하고 그리고 잘 이겨나가며 하늘만큼이나 높기를 바라며 그 분절대자의 진리를 잘 이행하려 하는 시인이다.

  홍정희 시인은 산책을 하면서 가끔씩 하늘도 쳐다보고 산책길을 걸으며 관조하고 사유하며 즐기는 여유로움에서 일상

이 시가 되는 신비로움에 젖어서 탄생하였다. 그러나 그 일상은 놀랍게도 일반 시인과는 다른 내면의 너그러움과 끈기와 정열이 그대로 녹아 있다. 시인이 서문에서 밝힌 바와 같이 돌 틈에 숨어 있는 보이지 않던 잎들 새들의 지저귐과 강가의 물소리로 아름다운 구슬을 시로 꿰는 마법의 결실을 낳게 되었다. 그리하여 그의 시는 시를 읽은 이에게 기다림도 만나고 설레임도 만나고 자그만 오솔길에 만나는 여우팥꽃과 물방개도 만난다. 따라서 감나무 꼭대기에 까치밥 쳐다보면서 인심 좋은 사람들의 따스함도 만난다.

이처럼 홍정희 시인의 이번 시집 『목화별 산책』은 목화나 목화 꽃 같은 따스하고 보드라운 감성과 꿈을 담은 목화별을 따라 진지하게 삶을 모색하며 그 위에 예리한 시적 상상력을 더하여 더욱 아름답고 넉넉하게 걸어가는 산책의 시라고 하겠다.

목화빛 산책
홍 정 희 시집

2021년 12월 26일 인쇄
2021년 12월 26일 발행

지은이 홍 정 희
펴낸이 신 용 호
펴낸곳 창조문학사

서울 서대문구 홍은동 397-26 동천아카데미 5층
등록번호 제1-263호
　　전화 374-9011, Fax 374-5217
공급처 한국출판협동조합 전화 716-5616~9

저자와 협의에 의해 인지를 생략합니다.
파본은 바꾸어 드립니다.
　　값 10,000원
　　ISBN 978-89-7734-7908-0

※ 이 책은 제9회 구상창작기념사업회 일부지원금
　으로 제작하였습니다.